Paramahansa Yogananda
(1893 – 1952)

POURQUOI DIEU PERMET LE MAL

ET

COMMENT LE SURMONTER

Paramahansa Yogananda

QUELQUES MOTS SUR CE LIVRE : Les conférences de cet ouvrage furent publiées à l'origine par la Self-Realization Fellowship dans son magasine trimestriel *Self-Realization*, créé par Paramahansa Yogananda en 1925. Ces discours furent tenus dans les temples de la Self-Realization Fellowship que l'auteur fonda à Hollywood et à San Diego, en Californie. Sri Daya Mata, une des premières et plus proches disciples de Paramahansa Yogananda, en assura la transcription sténographique.

Titre original de l'ouvrage en anglais publié par la
Self-Realization Fellowship, Los Angeles (Californie) :

Why God Permits Evil and How to Rise About It

ISBN-13: 978-0-87612-461-1
ISBN-10: 0-87612-461-9

Traduit en français par la Self-Realization Fellowship
Copyright © 2013 Self-Realization Fellowship

Tous droits réservés. À l'exception de brèves citations dans des revues littéraires, aucun passage de *Pourquoi Dieu permet le mal et comment le surmonter (Why God Permits Evil and How to Rise About It)* ne peut être reproduit, archivé, transmis ou affiché sous quelque forme ni par quelque procédé que ce soit (électronique, mécanique ou autre) connu ou à venir (y compris la photocopie, l'enregistrement et tout système d'archivage et de consultation de l'information) sans l'autorisation écrite préalable de la Self-Realization Fellowship, 3880 San Rafael Avenue, Los Angeles, CA 90065-3219, U.S.A.

Édition autorisée par le Conseil des Publications internationales de la Self-Realization Fellowship

Le nom « Self-Realization Fellowship » et l'emblème ci-dessus apparaissent sur tous les livres, enregistrements et autres publications de la SRF, garantissant aux lecteurs qu'une œuvre provient bien de la société établie par Paramahansa Yogananda et rend fidèlement ses enseignements.

Première édition, première impression en français de la Self-Realization
Fellowship, 2013
First edition, first printing in French from Self-Realization Fellowship, 2013

ISBN-13: 978-0-87612-254-9
ISBN-10: 0-87612-254-3

1744-J2525

Le bien et le mal seront toujours complémentaires sur cette terre. Tout ce qui est créé doit prendre quelque apparence d'imperfection. Autrement, comment Dieu, la seule Perfection, pourrait-Il fragmenter Sa conscience unique en des formes de création qui soient distinctes de Lui? Il ne peut exister des images de lumière sans ombres contrastantes. Si le mal n'avait pas été créé, l'homme ne connaîtrait pas son contraire, le bien. La nuit fait ressortir le contraste lumineux de la journée; le chagrin nous enseigne à désirer la joie. Il est nécessaire que le mal arrive, mais honte à celui par qui il arrive! Quiconque se laisse pousser par l'illusion à jouer le rôle du vilain doit subir le triste sort karmique du vilain, alors que le héros est récompensé pour ses vertus par la sanctification. Connaissant cette vérité, nous devons fuir le mal; en devenant bons, nous nous élevons finalement vers le royaume suprême de Dieu — qui se situe au-delà du bien et du mal.

Paramahansa Yogananda

POURQUOI DIEU PERMET LE MAL

ET

COMMENT LE SURMONTER

Iᵉ PARTIE

POURQUOI LE MAL FAIT PARTIE DE LA CRÉATION DIVINE

QUELLE EST L'ORIGINE DU MAL ?

Certains disent que Dieu ne connaît pas le mal, parce qu'ils ne peuvent pas s'expliquer pourquoi un Dieu qui est bon permet les vols, les meurtres, les maladies, la pauvreté et toutes les horreurs qui se passent en permanence dans ce monde. Certes, ces malheurs sont mauvais à nos yeux ; mais sont-ils mauvais pour Dieu ? S'ils l'étaient, pourquoi Dieu permettrait-il de tels maux ? Et si le mal ne venait pas de Dieu qui est le Créateur suprême de toutes choses, d'où viendrait-il ? Qui créa l'avidité ? Qui créa la haine ? Qui créa la jalousie et la colère ? Qui créa les bactéries nocives ? Qui créa la tentation de la sexualité, la tentation

---

Les passages traduits sont extraits d'un discours tenu le 17 novembre 1946. Il apparaît en intégralité dans *The Divine Romance* (*Collected Talks and Essays*, vol. II, de Paramahansa Yogananda), ouvrage publié par la Self-Realization Fellowship.

de l'avidité ? Ce ne sont pas des inventions humaines. L'homme n'aurait jamais pu en faire l'expérience si elles n'avaient pas été créées au préalable.

Certains essayent d'expliquer que le mal n'existe pas ou ne serait qu'un facteur psychologique. Mais ce n'est pas le cas. La preuve de l'existence du mal est flagrante, partout dans le monde. Il est indéniable. Si le mal n'existait pas, pourquoi Jésus aurait-il prié : « Ne nous conduis pas à la tentation, mais délivre-nous du mal [1] » ? Il dit clairement que le mal existe.

Donc, c'est une vérité évidente : le mal fait partie du monde. Et d'où vient-il ? De Dieu [2]. Le mal fournit le contraste nécessaire qui nous permet de reconnaître le bien et d'en faire l'expérience. S'il devait y avoir une création, le mal se devait d'en faire partie. Si vous écriviez un message avec une craie blanche sur une surface blanche, personne ne pourrait le lire. Donc, sans le tableau noir du mal, les bonnes choses du monde ne pourraient absolument pas ressortir. Judas, par exemple, fut en quelque sorte le meilleur agent publicitaire de Jésus. Par son acte malfaisant, Judas rendit le Christ célèbre à jamais. Jésus connaissait le

---

1 Matthieu 6, 13.

2 « Je suis l'Éternel, et il n'y en a point d'autre. Je forme la lumière, et Je crée les ténèbres. Je donne la paix et Je crée le mal. Moi, l'Éternel, je fais toutes ces choses. » (Ésaïe 45, 6-7).

rôle qu'il devait jouer et tout ce qui devait lui arriver afin qu'il puisse démontrer l'amour et la grandeur de Dieu ; pour cette démonstration, un traître était indispensable. Mais ce n'était pas bien de la part de Judas de choisir d'être celui par lequel un acte malfaisant exalterait par contraste la gloire du Christ triomphant sur le mal.

OÙ SE SITUE LA FRONTIÈRE ENTRE LE BIEN ET LE MAL ?

Il est difficile de savoir où se situe la ligne de séparation entre le bien et le mal. Bien évidemment, il est terrible de voir que les bactéries tuent deux milliards d'êtres humains par siècle. Mais pensez au chaos que créerait la surpopulation si la mort n'existait pas ! Et si tout était bon et parfait ici-bas, personne ne voudrait quitter la terre de son plein gré ; personne ne voudrait retourner vers Dieu. Donc, dans un sens, la souffrance est votre meilleure amie, car elle vous met en quête de Dieu. En prenant conscience des imperfections de ce monde, vous serez poussé à rechercher la perfection de Dieu. À vrai dire, Dieu utilise le mal, non pour nous détruire, mais pour nous détourner de Ses jouets illusoires que sont les distractions de ce monde afin de nous inciter à Le rechercher.

C'est pour cette raison que le Seigneur permet Lui-même le mal et les injustices. Mais je lui ai dit : « Seigneur,

Tu n'as jamais souffert. Tu as toujours été parfait. Comment sais-Tu ce qu'est la souffrance ? Cependant, Tu nous fais subir toutes ces épreuves ; Tu n'avais pourtant aucune raison de le faire. Nous n'avons pas demandé à naître comme mortels et à souffrir. » (Cela ne Lui fait rien que je discute avec Lui. Il est très patient.) Le Seigneur m'a répondu : « Vous n'avez pas besoin de continuer à souffrir ; j'ai donné à chacun le libre arbitre de choisir entre le bien et le mal et de revenir ainsi à Moi. »

Donc, le mal est l'épreuve à laquelle Dieu nous soumet pour voir si nous Le choisirons Lui ou si nous préférerons Ses cadeaux. Il nous a créés à Son image en nous donnant le pouvoir de nous libérer par nous-mêmes. Mais nous n'utilisons pas ce pouvoir.

LE FILM DU CINÉMA COSMIQUE

Je voudrais vous expliquer une autre façon de voir la dualité ou le bien et le mal. Si un producteur de cinéma faisait exclusivement des films sur les anges et les montrait tous les jours, matin, midi et soir, dans les salles de spectacles, il devrait bientôt fermer son entreprise. S'il veut attirer l'attention du public, il doit produire de la variété. Le héros est tellement mis en valeur par le méchant ! Nous aimons aussi les intrigues pleines d'action et de rebondissements. Cela ne nous dérange pas de voir des films sur des dangers et des catastrophes, car nous savons que ce ne sont que des images. Je me souviens d'une fois où l'on m'emmena voir un film dans lequel le héros mourut ; quelle tragédie ce fut ! Je restai assis pour la prochaine séance jusqu'au moment où je pus à nouveau voir le héros vivant et, alors seulement, je quittai la salle.

Si vous pouviez voir ce qui se passe derrière l'écran de cette vie, vous ne souffririez plus du tout. C'est la représentation d'un film à l'échelle cosmique. Ce film que Dieu projette sur l'écran de cette terre n'a aucune valeur en soi à mes yeux. Regardant le faisceau de lumière divine qui projette ces scènes sur l'écran de la vie, je peux voir que les images de l'univers entier proviennent de ce faisceau.

Une autre fois, je regardais un film passionnant qui se déroulait sur l'écran d'un cinéma. Je me retournai pour jeter un coup d'œil vers la cabine du projectionniste. Je vis que l'opérateur n'avait aucun intérêt pour le film, l'ayant déjà vu trop de fois, et préférait lire un livre. L'appareil de projection était à l'œuvre : il envoyait le son tandis que le faisceau lumineux projetait sur l'écran des images donnant l'illusion de la réalité. Et le public était là, captivé par l'histoire. Je pensai : « Seigneur, Tu es comme cet homme assis là-haut dans sa cabine, absorbé dans Ta propre nature de félicité, d'amour et de sagesse. La machinerie de Ta loi cosmique projette sur l'écran de l'univers des scènes de jalousie, d'amour, de haine et de sagesse. Mais Toi, Tu restes détaché de Tes pièces de théâtre. » À travers toutes les époques et toutes les civilisations, les mêmes films, déjà vus, sont projetés de façon répétitive ; seuls les acteurs jouant les rôles sont différents. Je me dis que Dieu doit commencer à trouver tout cela passablement ennuyeux. Il doit en être lassé. C'est même un miracle qu'Il ne débranche pas le courant pour arrêter le spectacle !

Lorsque j'eus fini de regarder le faisceau de lumière qui projetait des scènes d'action sur l'écran, je me tournai vers les spectateurs qui se trouvaient dans ce cinéma et je vis qu'ils passaient par toutes les émotions exprimées par les acteurs du film. Ils souffraient avec le héros et ne restaient pas insensibles à la méchanceté du vilain. Pour le public dans la salle, c'était un vécu tragique. Pour le projectionniste dans sa cabine, ce n'était qu'un film. Il en est de même pour Dieu. Il a créé des images de lumière et d'ombres, le héros et le vilain, le bien et le mal ; quant à nous, nous sommes à la fois spectateurs et acteurs. Nos problèmes viennent uniquement de ce que nous nous identifions trop avec l'histoire.

Sans ombre et sans lumière, aucune image ne serait possible. Le mal est l'ombre qui transforme le faisceau unique de la lumière de Dieu en images ou en formes. Par conséquent, le mal est l'ombre de Dieu qui permet ce spectacle. Les ombres sombres du mal sont parsemées de lumière. Celle-ci provient du faisceau blanc et pur des vertus divines. Dieu ne veut pas que vous preniez ces images trop au sérieux. Le réalisateur d'un film ne voit les meurtres, les souffrances, les comédies et les tragédies que comme des moyens de susciter l'intérêt du public. Détaché du scénario, il ne fait que le diriger et l'observer. Dieu veut que nous nous comportions avec détachement et que nous réalisions que nous ne sommes que des acteurs ou des spectateurs dans Son spectacle cosmique.

Bien que Dieu possède tout, nous pouvons cependant dire qu'Il a un désir : Il veut voir qui réussira à ne pas se laisser intimider par ce film et qui saura interpréter son rôle avec brio pour revenir vers Lui. Vous ne pouvez vous échapper de cet univers, mais si vous jouez vos scènes tout en gardant votre pensée tournée vers Dieu, vous serez libres.

LE MAL N'EXISTE PAS POUR CELUI QUI RÉALISE DIEU

Ni les scientifiques, ni les gens matérialistes ne trouveront le chemin du bonheur suprême, mais seuls ceux qui suivent les maîtres leur disant : « Retournez dans la cabine de l'Infini, de laquelle vous pourrez voir la projection de tous ces films cosmiques. Alors, la création de Dieu, le spectacle de Dieu ne vous posera plus de problèmes. »

Mon seul intérêt vis-à-vis des gens est de les aider. Et tant qu'un souffle d'air animera mes poumons, j'essaierai d'aider les autres et de leur dire de s'éloigner de ce film illusoire. Vous souffrez, car vous en faites actuellement partie. Si vous vous mettez de côté pour l'observer, vous ne pourrez plus en souffrir. Vous pouvez apprécier l'histoire si vous la jugez en spectateur. Voilà ce que vous devez apprendre. Pour Dieu, ce n'est qu'un film et lorsque vous retournerez vers Lui, ce sera aussi un film pour vous.

Je vais vous raconter une petite histoire. Un roi s'endormit et rêva qu'il était pauvre. Dans son sommeil, il sanglotait pour obtenir ne serait-ce qu'une petite pièce pour pouvoir manger. Finalement, la reine le réveilla et lui dit : « Que se passe-t-il ? Vos coffres sont remplis d'or et pourtant vous pleurez pour une piécette. »

Alors le roi dit : « Oh, que c'est stupide de ma part ! Je pensais que j'étais un mendiant et que je mourrais de faim faute de trouver une petite pièce. »

Telle est l'illusion de toute âme qui rêve qu'elle est mortelle, en proie aux tourments oniriques que sont les maladies, les souffrances, les ennuis et les chagrins de

Pourquoi le mal fait partie de la création divine

toutes sortes. Le seul moyen d'échapper à ce cauchemar est de s'attacher davantage à Dieu en se détachant de plus en plus des images oniriques de ce monde. C'est parce que vous avez porté votre attention sur des choses erronées que vous souffrez. Si vous donnez votre cœur aux hommes, à la boisson, à la cupidité ou aux drogues, vous souffrirez. Votre cœur sera brisé. C'est en Dieu qu'il faut placer votre cœur. Plus vous rechercherez la paix en Lui, plus cette paix pourra dévorer vos soucis et vos souffrances.

Vous souffrez parce que vous vous êtes autorisé à être sensible aux démons de ce monde. Vous devez acquérir de l'endurance spirituelle, de la force spirituelle. Faites tout ce que vous devez faire et prenez du plaisir à ce que vous faites, mais au fond de vous, dites-vous : « Seigneur, je suis Ton enfant, fait à Ton image. Je ne veux rien d'autre que Toi. » Le disciple qui suit ce principe et qui parvient à le réaliser s'apercevra que, pour lui, il n'existe aucun mal en ce monde.

———※———

« Il n'existe aucune cruauté dans le plan de Dieu, car à Ses yeux il n'y a ni bien ni mal, seulement des images de lumière et d'ombres. Le Seigneur a voulu que nous percevions les scènes dualistes de la vie comme

Pourquoi Dieu permet le mal et comment le surmonter

Il les voit Lui-même, en Témoin éternellement joyeux d'un prodigieux spectacle cosmique.

L'homme s'est faussement identifié à la pseudo-âme ou ego. Dès lors qu'il transfère son sens de l'identité à son être véritable, l'âme immortelle, il découvre que toute douleur est irréelle. Il ne peut même plus imaginer l'état de souffrance. »

Extrait de *Ainsi parlait Paramahansa Yogananda*
de Paramahansa Yogananda

2ᵉ PARTIE

POURQUOI DIEU CRÉA LE MONDE

———◆———

Lorsque vous lisez un roman passionnant, vous voyez que le bien et le mal s'affrontent et lorsque c'est le mal qui triomphe, vous trouvez cela terrible. Dans un chapitre, par exemple, le héros est sur le point de se faire tuer ; mais au chapitre suivant, tout est rentré dans l'ordre et le voilà sain et sauf. Il faut comprendre que chaque vie est un roman écrit de main de maître par Dieu. Les voies de l'Éternel sont insondables ; vous échouerez à vouloir les sonder, étant donné les limites de votre intelligence humaine, trompée par *maya*. D'abord, triomphez de l'illusion et devenez un avec Dieu ; ensuite, vous comprendrez pourquoi Il créa ce monde [1].

---

[1] *Maya* est le pouvoir de l'illusion, inhérent à la structure de la création, grâce auquel ce qui est Un apparaît comme multiple. *Maya* est le principe de la relativité,

---

Les passages traduits sont extraits d'un discours tenu le 16 décembre 1945. Il apparaît en intégralité dans *Journey to Self-realization* (*Collected Talks and Essays*, vol. III, de Paramahansa Yogananda), ouvrage publié par la Self-Realization Fellowship.

Mais nous avons tout à fait le droit de Lui demander pourquoi. Il y a, en fait, de très nombreuses raisons à cela. Tout d'abord, il n'est pas possible que cette terre soit une nécessité pour Lui, car dans ce cas, Dieu serait imparfait; Il aurait quelque chose à atteindre. Nous avons en outre les témoignages des saints selon lesquels Dieu est parfait. Et j'en témoigne aussi de par ma propre expérience, car j'ai communié avec Lui...

CE MONDE EST LE PASSE-TEMPS DE DIEU

Étant donné que Dieu est parfait et que ce monde n'est pas nécessaire à Son évolution, c'est donc une sorte de passe-temps pour Lui. Il y a, à titre d'exemple, deux sortes d'artistes: l'artiste commercial qui travaille pour l'argent et, d'autre part, celui qui crée des œuvres exquises sans aucune valeur marchande, pour son seul plaisir personnel. Mais il est impensable que Dieu soit commercial, car Il

---

de l'inversion, du contraste, de la dualité, des états opposés; les prophètes de l'Ancien Testament nommaient maya «Satan» (litt. *l'adversaire* en hébreu). Selon Paramahansa Yogananda: «Le mot *maya* en sanscrit signifie "le mesureur"; c'est le pouvoir magique dans la création grâce auquel il semble exister des limitations et des divisions dans l'Immesurable, l'Inséparable... Dans le plan et le jeu de Dieu (*lila*), la seule finalité de Satan ou maya est d'essayer de détourner l'homme de l'Esprit vers la matière, du Réel vers l'irréel... *Maya* est le voile du transitoire dans la Nature, le perpétuel devenir de la création; le voile que chaque être humain doit soulever afin de voir le Créateur, l'Immuable inaltérable, la Réalité éternelle qui se trouve derrière.»

n'a rien à gagner en créant Ses œuvres. Par analogie, certaines personnes fortunées s'adonnent parfois à des loisirs coûteux parce qu'elles peuvent se le permettre. J'ai connu un jour, à Cincinnati, un homme de ce genre; il possédait une grande ferme, juste comme passe-temps. Lors d'une visite où j'étais son hôte, je lui dis: «Votre ferme n'est pas rentable, n'est-ce pas?» Il me répondit: «C'est exact. L'œuf que je suis en train de manger me coûte 90 cents. Je pourrais en acheter un au marché pour quelques sous seulement.»

Ce monde est donc un loisir pour Dieu. Mais pour ceux qui y souffrent, ce n'est pas une partie de plaisir. Je dis souvent au Seigneur: «Si Tu voulais Te distraire, pourquoi avoir aussi créé la souffrance, le cancer et tous ces terribles états d'âme?» Bien sûr, je ne suis pas sur terre pour dire au Seigneur ce qu'Il doit faire. Je le sais bien. Mais je me bats, humblement, avec Lui.

Il rit de moi et me dit: «Au dernier chapitre, tout le monde connaîtra la réponse à ces questions.»

Ma foi, je connais cette réponse, mais j'argumente en faveur de ceux qui ne la connaissent pas: «C'est peut-être un jeu pour Toi, Seigneur, mais c'est la souffrance et la mort pour ceux qui ne savent pas que tout ça n'est qu'un jeu. Deux personnes se marient en pensant qu'elles ont trouvé l'amour parfait et, un jour, l'une d'elles meurt:

quelle tragédie! Ou bien quelqu'un qui a accumulé une fortune pense être heureux, puis subit un crash boursier et, dans un acte de désespoir, saute par la fenêtre: c'est terrible! Et dans le piège des sens de la sexualité, de l'alcool et de l'argent, les tentations ne viennent pas que de l'extérieur, mais aussi de l'intérieur. Comment l'homme pourra-t-il sortir justifié de tout cela? Et pourquoi y a-t-il des gangsters, des fous et toutes sortes d'horreurs qui se passent autour de nous, Seigneur? Pourquoi existe-t-il des microbes qui tuent tant d'êtres humains chaque année? Si les os de tous ceux qui meurent de maladie étaient amoncelés, la pile atteindrait le sommet de l'Himalaya; et pourtant, c'est un loisir pour Toi, mon Dieu. Qu'en est-il de ceux qui sont victimes de Ton passe-temps?»

Et le Seigneur me répond: « J'ai créé tous les hommes à Mon image. Si tu sais que tu es une partie de Moi, tu peux vivre dans ce monde et t'en réjouir comme je le fais.»

C'est là la réponse ultime. Nous ne voyons pas ce monde tel que Dieu le voit.

VOIR AVEC LES YEUX OUVERTS DE LA SAGESSE ET DU CALME

Je vais vous donner un exemple pour expliquer comment la création se dégrada progressivement. Si, en ce moment précis, dans cette pièce, je fermais subitement les yeux et commençais à danser dans tous les sens, oubliant ce qui est autour de moi et oubliant que je suis aveugle, vous m'avertiriez : « Faites attention ! Vous allez tomber ou heurter quelque chose ! » Mais j'insisterais : « Non, tout va bien. » Puis, effectivement, je trébucherais, tomberais et me casserais la jambe ; ensuite, je demanderais en pleurant : « Pourquoi cela m'est-il arrivé ? » Vous répondriez : « Eh bien, pourquoi avez-vous fermé les yeux et essayé de danser dans l'obscurité ? » Et je m'exclamerais : « Bon sang ! Pourquoi ai-je dansé les yeux fermés ? »

Parce que vos yeux sont fermés, vous ne pouvez vous empêcher de penser que ce monde est terrible. Mais si vous maintenez ouverts vos yeux de sagesse et de calme, vous verrez que ce monde comporte beaucoup de plaisir, – tout comme si vous regardiez un film au cinéma…

NOUS AVONS LE CHOIX DE NOUS EMPÊTRER DANS LE SPECTACLE DU MONDE OU DE PRENDRE DE LA HAUTEUR

Nous pouvons dire que Dieu a créé cette terre non seulement comme un passe-temps, mais aussi parce qu'Il voulait faire des âmes parfaites qui pourraient évoluer et retourner jusqu'à Lui. Il les a envoyées dans le monde, revêtues du manteau de l'illusion (ou *maya*), mais dotées de liberté. C'est le plus grand don de Dieu. Il n'a pas privé le genre humain du libre arbitre qu'Il possède Lui-même. Il a donné la liberté à l'homme d'être bon ou mauvais, de faire exactement ce qui lui plaît – et même d'ignorer Dieu. Le bien et le mal existent tous deux, mais personne ne vous oblige à être mauvais à moins que vous ne choisissiez de faire le mal ; et personne ne peut vous forcer à être bon à moins que vous ne choisissiez d'être bon. Dieu nous a créés avec la capacité de mettre en pratique Ses dons d'intelligence et de libre arbitre, grâce auxquels nous pouvons choisir de retourner à Lui. Dieu a bien l'intention de nous reprendre lorsque nous serons prêts à revenir. Nous sommes comme le fils prodigue de la Bible et Dieu nous appelle constamment à retourner à la Maison.

L'idéal de toute vie humaine devrait consister à être bon, à être heureux et à trouver Dieu. Vous ne serez jamais heureux avant d'avoir vraiment trouvé Dieu. C'est pour cela que Jésus a dit : « Cherchez tout d'abord le royaume de Dieu[1]. » Tel est le but de notre existence : mettre tous nos efforts à devenir bons, à nous parfaire et à utiliser notre liberté pour choisir le bien plutôt que le mal. Dieu nous a donné tout pouvoir pour ce faire. Notre esprit est comme un ruban élastique. Plus vous l'étirez, plus il s'allonge. Le ruban élastique de l'esprit ne se rompra

---

1 Matthieu 6, 33.

jamais. Chaque fois que vous vous sentez limité, fermez les yeux et dites-vous : « Je suis l'Infini » et vous verrez tout le pouvoir que vous possédez.

La joie qui vient des sens ou des possessions ne peut égaler la joie de Dieu. Bien que possédant tout, d'éternité en éternité, Il eut cette pensée : « Je suis tout-puissant. Je suis la Joie même, mais il n'y a personne pour jouir de Moi. » Et lorsqu'Il débuta Sa création, Il se dit : « Je ferai des âmes à Mon image et les habillerai en êtres humains dotés de libre arbitre afin de voir s'ils rechercheront Mes dons matériels et les tentations de l'argent, de l'alcool et de la sexualité ou s'ils rechercheront la joie de Ma conscience, mille millions de fois plus enivrante. » Ce qui me procure le plus de satisfaction est le fait que Dieu est vraiment juste et équitable. Il a donné à l'homme la liberté d'accepter Son amour et de vivre dans Sa joie ou de les rejeter et de vivre dans l'illusion, dans l'ignorance de Lui.

Bien que toutes choses créées appartiennent à Dieu, il y a une chose que Dieu n'a pas : notre amour. Lorsqu'Il nous créa, Il Se fixa un but précis, à savoir obtenir notre amour. Nous avons le choix entre refuser cet amour ou le Lui donner. Et Il attendra inlassablement, jusqu'à ce que nous soyons prêts à Lui offrir notre amour. Lorsque nous le faisons, lorsque le fils prodigue revient à la Maison, le veau gras de la sagesse est tué et les festivités sont célébrées avec allégresse. Lorsqu'une âme retourne à Dieu, cela suscite beaucoup de joie parmi les saints au paradis. C'est là la signification de la parabole du fils prodigue, telle que décrite par Jésus.

EXAMINEZ-VOUS DEPUIS LE BALCON DE L'INTROSPECTION

La vie est bien plus vaste que ce que vous imaginez. Puisque tout ce qui existe sur terre semble déjà si réel, la Réalité supérieure qui crée cette réalité irréelle doit être encore bien plus réelle ! Mais la réalité irréelle vous fait oublier le Réel. Dieu veut que vous vous souveniez que la terre ne vous ferait ni chaud ni froid si elle n'était qu'une œuvre cinématographique. Même si les os fragile de votre corps se cassaient, vous diriez : « Tiens, des os cassés » et n'en ressentiriez aucun trouble, aucune douleur. Vous pourrez parler ainsi une fois que vous serez ancrés dans la Conscience divine. Vous rirez de vos habitudes et vous vous amuserez énormément de vos traits de caractère distinctifs, car en vous observant depuis le balcon de l'introspection, vous vous regarderez jouer dans le film de la vie. Je fais cela tout le temps. Quand vous savez que ce monde est la *lila* de Dieu – Son film – vous n'êtes plus perturbé par les contrastes dans ce drame du bien et du mal.

Pourquoi Dieu créa le monde

Dans un rêve, vous pouvez contempler des riches, des pauvres, quelqu'un de fort, quelqu'un de malade gémissant de souffrance, tel autre mourant et tel autre qui vient de naître. Mais lorsque vous vous éveillez, vous vous rendez compte que tout cela n'était qu'un rêve. Cet univers est le rêve de Dieu. Et quand je Lui demande: «Pourquoi ne rêves-Tu pas que des rêves de beauté ? Pourquoi Ton histoire doit-elle être truffée de cauchemars?», Il répond: «Tu dois être capable d'apprécier le drame cosmique, de voir à la fois les cauchemars et les expériences magnifiques pour ce qu'ils sont: des rêves, rien que des rêves. Mais si tu ne rêvais que des rêves magnifiques, tu te noierais dans toute cette beauté et n'aurais jamais envie de te réveiller.» Voilà la réponse. Donc, ne soyez pas effrayés lorsque les cauchemars surviennent, mais dites : «Seigneur, ce rêve est passager. Il n'a aucune réalité.» Et lorsque vous resplendissez de santé et de bonheur, dites: «Seigneur, c'est un rêve magnifique, mais fait ce que Tu veux de ces rêves de vie.» Lorsque vous ne serez plus ni touché par les cauchemars de la maladie, de la souffrance et des soucis, ni captivé par des rêves de splendeur, Dieu vous dira: «Réveille-toi maintenant! Reviens à la Maison!»

DISTINGUEZ LE RÉEL DE L'IRRÉEL

Lorsque j'étais enfant, je rêvais souvent qu'un tigre me poursuivait. Je criais dans mon sommeil que le tigre m'avait attrapé la jambe. Ma mère accourait alors pour me réveiller et me disait : « Regarde, tout va bien. Il n'y a pas de tigre. Ta jambe est intacte. » Grâce à ce cauchemar de mon enfance, je vécus une première expérience merveilleuse que Dieu me donnait ; la dernière fois que je fis ce rêve, je me dis : « C'est un vieux subterfuge. Aucun tigre ne me poursuit » et je m'esquivai prestement de ce rêve. Je m'en distançai et ne le fis plus jamais. Depuis ce jour, je fus attentif – même en rêve – à séparer le Réel de l'irréel.

Les saints sont à moitié réveillés et à moitié en train de rêver : d'une part, éveillés en Dieu et de l'autre, rêvant le rêve de l'incarnation. Mais ils peuvent sortir rapidement de ce rêve. Lorsque mon corps éprouve un quelconque traumatisme ou de la douleur, je concentre mon regard intérieur sur le centre de la Conscience christique, appelé *Kutastha*, qui se trouve entre les sourcils, et ne ressens plus aucune douleur ; peu de temps après, je ne sens même plus mon corps [1].

---

[1] La « Conscience christique » est la conscience immanente de Dieu projetée dans toute la création. Dans les Écritures chrétiennes, on la nomme le « fils unique », l'unique et pur reflet de Dieu le Père dans la création ; dans les Écritures hindoues, elle est appelée *Kutastha Chaitanya* ou *Tat*, l'intelligence cosmique de l'Esprit présent dans toute la création. C'est la conscience universelle, l'unité avec Dieu manifestée

Pourquoi Dieu créa le monde

Alors, n'oubliez pas que Dieu rêve ce monde. Et si nous sommes en harmonie avec Lui, nous vivrons une vie d'ivresse divine sans que rien ne nous dérange. Nous regarderons ce film cosmique de la même manière que nous regardons des films au cinéma, sans en être affectés. Dieu nous a créés afin que nous puissions rêver comme Il rêve, jouissant du rêve et de toutes ses expériences contrastées comme d'un divertissement, sans en être affectés, mais en restant absorbés dans Sa joie éternelle.

« "Ne savez-vous pas que vous êtes le temple de Dieu, et que l'Esprit de Dieu habite en vous[1] ?" Si vous parvenez à éclaircir et à élargir votre esprit par la méditation et à recevoir Dieu dans votre conscience, vous serez, à votre tour, délivré de l'illusion de la maladie, des limitations et de la mort. »

Paramahansa Yogananda,
dans *The Divine Romance*

---

par Jésus, Krishna et d'autres avatars. Les grands saints et les yogis la connaissent comme l'état de *samadhi* de la méditation, où leur conscience s'est identifiée avec l'intelligence dans chaque particule de la création ; ils ressentent l'univers tout entier comme s'il était leur propre corps.
1 I Corinthiens 3, 16.

> *Réponse à une prière…*
>
> Un jour, j'entrai dans une salle de cinéma pour voir des actualités filmées sur les champs de bataille européens. La Première Guerre mondiale faisait encore rage en Occident. Le documentaire présentait le carnage avec un tel réalisme que c'est le cœur bouleversé que je quittai le cinéma.
>
> «Seigneur, implorai-je, pourquoi permets-Tu tant de souffrances?»
>
> À ma vive surprise, une réponse instantanée me parvint sous la forme d'une vision directe des champs de batailles européens. Les scènes montrant des morts et des agonisants dépassaient de loin, en férocité, les images des actualités.
>
> «Regarde attentivement!» Une Voix douce me parlait au plus profond de ma conscience. «Tu verras que ces scènes, qui ont lieu actuellement en France, ne sont rien d'autre qu'un jeu de clair-obscur. C'est le cinéma cosmique, tout aussi réel et tout aussi irréel que ces actualités filmées que tu viens de voir, – une pièce de théâtre dans une pièce de théâtre.»
>
> Mon cœur n'était toujours pas consolé. La Voix divine poursuivit: «La création est à la fois ombre et

Pourquoi Dieu créa le monde

lumière, sans quoi aucune image ne serait possible. Au sein de *maya*, le bien et le mal doivent toujours alterner en dominant tour à tour. Si dans ce monde le bonheur était sans fin, l'homme aspirerait-il à un autre monde ? Sans la souffrance, il chercherait à peine à se rappeler qu'il a délaissé sa demeure éternelle. La douleur est l'aiguillon du souvenir. Le moyen d'en sortir passe par la sagesse. Le drame de la mort est irréel ; ceux qui frissonnent à la pensée de la mort ressemblent à un acteur ignorant qui meurt de frayeur sur scène simplement parce qu'on vient de tirer à blanc sur lui. Mes enfants sont des enfants de lumière. Ils ne resteront pas toujours endormis dans l'illusion. »

Bien que j'avais fait des lectures sur *maya* dans les textes sacrés, je n'en avais pas retiré une compréhension aussi saisissante que celle qui me fut apportée par ces visions personnelles agrémentées de paroles consolantes. L'échelle de valeurs d'un être humain se trouve profondément modifiée lorsqu'il est finalement convaincu que la création n'est qu'une vaste projection cinématographique et que sa propre réalité se situe non pas dans la projection même, mais au-delà de celle-ci.

Paramahansa Yogananda,
dans *Autobiographie d'un Yogi*

« Le yoga est la science par laquelle l'âme obtient la maîtrise des instruments physiques et mentaux et les utilise pour atteindre la réalisation du Soi, c'est-à-dire la conscience à nouveau éveillée de sa nature transcendante et immortelle, une avec l'Esprit. Comme soi individualisé, l'âme est descendue de l'universalité de l'Esprit et s'est identifiée avec les limitations du corps et de sa conscience sensorielle...

Lorsque, du corps et du mental, vous déplacez le centre de gravité de votre conscience, perception et sensation, vers l'âme — votre Soi réel, immortel et transcendantal —, vous obtenez, comme le yogi, la maîtrise sur la vie et la victoire sur la mort. »

Paramahansa Yogananda

3ᵉ PARTIE

LE SPECTACLE COSMIQUE DU MONDE

―――◆―――

LE MONDE EST UN JEU COSMIQUE DE DIEU

Les *rishis* de l'Inde ancienne, ayant percé le mystère de la Cause originelle de l'Être, déclarèrent que Dieu est parfait ; qu'Il n'a besoin de rien, car tout fait partie de Lui ; et que ce monde est le jeu cosmique de Dieu ou *lila*. Il semble que le Seigneur, tel un petit enfant, adore jouer et que Sa *lila* soit la diversité infinie de sa création toujours changeante.

J'avais l'habitude de faire le raisonnement suivant : Dieu était la Béatitude infinie, omnisciente ; mais du fait qu'Il était seul, personne ne pouvait jouir de cette Béatitude avec Lui. Il Se dit alors : « Je vais créer un univers et Me subdiviser en de nombreuses âmes afin qu'elles puissent

---

Les passages traduits sont extraits d'un discours tenu le 9 décembre 1945. Il apparaît en intégralité dans *Journey to Self-realization* (*Collected Talks and Essays*, vol. III, de Paramahansa Yogananda), ouvrage publié par la Self-Realization Fellowship.

jouer avec Moi dans le spectacle qui se déroule. » Par la magie de Son pouvoir de mesurage en *maya*, Il Se scinda dans une dualité : Esprit et Nature, homme et femme, positif et négatif [1]. Mais bien qu'Il ait créé cet univers à partir de l'illusion, Il ne la subit pas. Il sait que tout n'est qu'une diversification de Sa Conscience cosmique qui est une. Les expériences des sens et les émotions, les tragédies de guerre et de paix, la maladie et la santé, la vie et la mort, tout cela se déroule en Dieu qui, tout en étant le Créateur-Rêveur de toutes choses, n'en est nullement affecté. Une partie de Son Être infini reste à jamais transcendante, au-delà des dualités vibratoires : c'est le domaine où Dieu est inactif. Lorsqu'Il fait vibrer Sa conscience par des pensées de diversité, Il devient immanent et omniprésent comme Créateur dans le domaine vibratoire fini de l'infinitude : là, Il est actif. La vibration révèle les objets et les êtres agissant les uns avec les autres dans l'espace et le temps, — tout comme les vibrations de la conscience de l'homme provoquent les rêves dans son sommeil.

SI NOUS NOUS UNISSONS AVEC DIEU, NOUS NE SOUFFRIRONS PLUS

Dieu a créé cet univers onirique afin de Se distraire et de nous distraire. Ma seule objection au sujet de la *lila* de

---

[1] Voir note pour *maya*, page 11.

Le spectacle cosmique du monde

Dieu est celle-ci : « Seigneur, pourquoi as-Tu permis que la souffrance fasse partie de l'histoire ? » La douleur est si horrible et si cruelle. Avec elle, l'existence n'est plus un divertissement, mais une tragédie. C'est là que l'intercession des saints entre en jeu. Ils nous rappellent que Dieu est tout-puissant et que si nous nous unissons avec Lui, nous ne souffrirons plus dans ce théâtre qui est le Sien. Nous nous infligeons nous-mêmes des souffrances si nous transgressons les lois divines sur lesquelles Il a fondé l'univers entier. Notre salut consiste à nous unir avec Lui. À moins de nous harmoniser avec Lui et de réaliser ainsi que ce monde n'est qu'un divertissement cosmique, nous sommes voués à souffrir. Il semble que la souffrance soit une discipline nécessaire pour nous rappeler de chercher l'union avec Dieu. Alors, comme Lui, nous nous divertirons de ce spectacle fantastique.

Il est merveilleux de réfléchir longuement à tout cela. J'explore ces royaumes en permanence. Même tandis que je vous parle, je contemple ces vérités. Ce serait vraiment terrible si un Être tout-puissant nous avait projetés dans cette existence terrestre illusoire sans possibilité de s'en échapper ou de réaliser ce qu'Il réalise. Mais tel n'est pas le cas. Il y a une issue. Chaque nuit, en sommeil profond, vous oubliez inconsciemment ce monde ; il n'est plus pour vous. Et chaque fois que vous méditez profondément, vous êtes consciemment transcendant ; le monde n'existe plus pour vous. C'est pourquoi les saints disent que nous unir avec Dieu est le seul moyen de comprendre que ce monde n'est pas une chose si importante…

SI VOUS CONNAISSIEZ VOTRE NATURE IMMORTELLE, LE DRAME DE L'EXISTENCE VOUS IMPORTERAIT PEU

Nous pouvons dire que Dieu n'aurait jamais dû créer un monde dans lequel il y a tant de problèmes. Mais d'un autre côté, les saints disent que si vous connaissiez votre nature divine, cela vous importerait peu [1]. Si vous allez au cinéma, vous préférez voir un film d'action plutôt qu'une histoire ennuyeuse, n'est-ce pas ? C'est ainsi que vous devriez jouir de ce monde. Voyez la vie comme un film et vous comprendrez pourquoi Dieu l'a créée. Notre problème est que nous oublions de la voir comme un divertissement de Dieu.

Dans les Écritures saintes, Dieu dit que nous sommes faits à Son image. En tant que tels, nous pourrions voir le drame de ce monde comme un film, tout comme Il le fait, si nous regardions seulement cette perfection de l'âme qui se trouve en nous et réalisions notre unité avec le Divin.

---

1 « N'est-il pas écrit dans votre loi : J'ai dit, vous êtes des dieux ? » (Jean 10, 34.)

Alors, ce film cosmique avec les horreurs de ses maladies, de ses misères et de ses bombes atomiques ne nous paraîtrait pas plus réel que les anomalies que nous voyons au cinéma. À la fin, quand nous avons vu le film, nous savons que personne n'a été tué, que personne n'a souffert. En fait, cette vérité est la seule réponse possible que je vois lorsque je regarde le drame de la vie. Ce n'est rien d'autre qu'un spectacle électrique, un jeu d'ombre et de lumière. Tout est vibration de la conscience de Dieu, condensée en images électromagnétiques. L'essence de ces images ne peut être ni tranchée par un sabre, ni brûlée, ni noyée et ne peut souffrir en aucune manière. Elle ne naît ni ne meurt. Elle ne fait que passer par quelques changements [1]. Si nous pouvions regarder le monde à la façon de Dieu et des saints, nous serions affranchis de la réalité apparente de cet état onirique…

ÉVEILLEZ-VOUS DU RÊVE COSMIQUE

Tout comme lorsque vous êtes à moitié réveillé et pouvez observer votre rêve en sachant que vous rêvez, mais en

---

[1] « Ce Soi n'est jamais né et ne périt jamais ; le fait d'exister ne le fera jamais cesser d'être. Il est non-né, éternel, immuable, inchangé et inchangeable (inaffecté par les processus ordinaires liés au temps). Il n'est pas anéanti lorsque le corps est tué…
« Aucune arme ne peut transpercer l'âme ; aucun feu ne peut la brûler ; aucune eau ne peut la mouiller ; ni aucun vent la dessécher. L'âme est indivisible ; elle ne peut être ni brûlée, ni mouillée, ni desséchée. L'âme est immuable, emplissant tout, à jamais calme et inébranlable – éternellement la même. » (*God Talks With Arjuna: The Bhagavad Gita* II: 20, 23-24.)

ayant une existence séparée : c'est ainsi que Dieu ressent cet univers. D'un côté, Il est éveillé dans une Béatitude toujours nouvelle et de l'autre, Il rêve cet univers. C'est ainsi que vous devriez considérer ce monde. Vous sauriez alors pourquoi Il l'a créé et cesseriez d'attribuer ces conditions oniriques à votre âme. Quand vous sortez d'un cauchemar, vous savez que ce n'était rien de plus qu'un mauvais rêve. Si vous pouvez vivre dans ce monde avec la même conscience, vous ne souffrirez plus. C'est ce que le *Kriya Yoga* vous apportera. C'est ce que les *Leçons de la Self-Realization Fellowship* feront pour vous si vous les pratiquez fidèlement[1]. C'est sur ces enseignements que vous devez vous concentrer et non pas sur ma personnalité ou sur une autre. Et il n'est pas question de lire simplement ces vérités, mais de les pratiquer. Lire ne vous rend pas plus sage ; il faut de la réalisation.

C'est pour cette raison que je ne lis pas beaucoup. Je maintiens mon esprit constamment fixé sur le centre de la Conscience christique (*Kutastha*). Comme le monde paraît différent à la lumière omniprésente de l'Intelligence cosmique ! Parfois, je vois tout comme des images électriques ; le corps n'a plus ni poids ni masse. Lire sur les merveilles

---

[1] Le *Kriya Yoga* est une science spirituelle sacrée, née en Inde il y a plusieurs millénaires. Elle comprend certaines techniques de méditation dont la pratique assidue conduit à réaliser Dieu. Ces techniques sont enseignée aux étudiants des *Leçons de la Self-Realization Fellowship*.

de la science ne fera pas de vous un sage, car il y a tellement plus à savoir. Lisez le livre de la vie caché à l'intérieur de vous, dans l'omniscience de l'âme, juste derrière l'obscurité de vos yeux fermés. Découvrez le champ illimité de la Réalité. Considérez cette terre comme si elle faisait partie d'un rêve et vous comprendrez qu'il est naturel de vous allonger sur le lit de la terre et de rêver le rêve de la vie. Cela vous sera alors égal, car vous saurez que vous êtes en train de rêver.

Les théologiens occidentaux prêchent la prospérité, le bonheur, la santé et la promesse d'une vie glorieuse après la mort ; mais ils ne vous enseignent pas comment faire l'expérience de la Félicité divine, ni comment rester inaffectés par la souffrance ici et maintenant. C'est là où les enseignements des grands *rishis* de l'Inde vont beaucoup plus loin. Les Occidentaux ont accusé les maîtres d'avancer une philosophie négative de la vie, soi-disant : qu'importe si vous souffrez, qu'importe si vous êtes heureux ou malheureux ; déniez le monde. Au contraire, les maîtres indiens posent la question : « Qu'allez-vous faire lorsque vous serez confrontés à la souffrance et au malheur ? Allez-vous pleurer de chagrin et d'impuissance ou allez-vous, tout en remédiant à vos maux, pratiquer ces techniques qui vous apporteront l'équanimité et la capacité de tout transcender ? » Ils vous encouragent à avoir recours aux remèdes de bon sens tout en contrôlant vos émotions afin que si votre santé diminue et que la douleur survient, vous ne cédiez pas au désespoir. En d'autres termes, ils insistent sur l'importance de s'ancrer intérieurement dans le bonheur inaltérable de l'âme qui ne peut être terni ni par les vents capricieux des beaux rêves de la vie, ni par les tempêtes corrosives de ses cauchemars. Les tenants de la conscience matérielle ne veulent pas faire l'effort nécessaire pour atteindre cet état d'invulnérabilité. Lorsque les souffrances arrivent, ils n'en tirent aucune leçon et donc, répètent les mêmes erreurs…

Ne portez pas une attention excessive aux scènes éphémères de la vie. Vous êtes le Soi immortel, ne vivant que passagèrement dans un rêve qui tourne parfois au cauchemar. C'est là la philosophie suprême des maîtres de l'Inde.

LA SENSIBILITÉ ÉMOTIONNELLE EST LA CAUSE DE LA SOUFFRANCE

Ne soyez pas si sensibles. La sensibilité émotionnelle est la cause silencieuse de toutes les souffrances. Renforcer la création comme étant une réalité en s'y impliquant avec ses émotions est une folie. Ne pas méditer, ne pas s'immobiliser pour réaliser la véritable nature de votre âme, mais se laisser porter et dériver dans le mouvement éternel de la création est une menace permanente pour votre bonheur.

Le spectacle cosmique du monde

Un jour peut-être, votre corps sera très malade et bien que vous voudrez marcher ou faire toute autre chose que vous aviez l'habituelle de faire dans votre jeunesse ou lorsque vous étiez en bonne santé, vous ne pourrez plus le faire. C'est une terrible désillusion pour l'âme. Avant que ce jour n'arrive, libérez-vous suffisamment pour être capable de voir votre corps avec détachement, en prenant soin de lui comme si c'était le corps de quelqu'un d'autre.

Une de mes étudiantes avait une affection fort douloureuse. Son genou était atteint de dégénérescence osseuse. Je ne sais combien de fois sa jambe fut opérée et remise en place. Mais elle en parlait comme si de rien n'était : « C'est une opération mineure », disait-elle avec désinvolture. Eh bien, voilà la bonne façon de voir la vie. Cultivez cet état d'esprit qui vous permettra de vivre avec une force mentale décuplée.

Même lorsque vous n'avez pas la possibilité de méditer longuement ou profondément, pensez toujours que vous travaillez pour Dieu. Quand votre esprit pourra rester ancré en Lui, vous ne souffrirez plus ; ni maladie ni affection ne pourront plus vous toucher intérieurement. Parfois, lorsque ce corps me tracasse, je tourne mon regard vers l'intérieur et tout s'évanouit dans la lumière de Dieu. Vous serez divertis par ce monde de la même façon que vous voyez des images changeantes sur un écran en appréciant le jeu de contraste conflictuel entre le bien et le mal ou entre des scénarios tristes ou joyeux. Vous direz: « Seigneur, tout ce que Tu fais est bien. » Mais avant de réaliser consciemment que tout cela n'est qu'un rêve, vous ne comprendrez pas pourquoi Dieu a créé ce monde.

SOYEZ COMME LE SEIGNEUR, ACTIF ET INACTIF

Je pense que la raison pour laquelle Dieu a créé cet univers est de rester occupé. Que cela soit une motivation pour les aspirants spirituels. Beaucoup pensent que pour trouver Dieu et se libérer de ce rêve, ils doivent abandonner leurs responsabilités et chercher à s'isoler dans l'Himalaya ou dans tout autre endroit totalement reculé; mais ce n'est pas si simple. L'esprit restera quand même absorbé dans ses humeurs et dans son agitation, et le corps devra être très actif juste pour conserver sa chaleur et satisfaire sa faim ainsi que d'autres besoins. Il est plus facile de trouver Dieu dans la jungle de la civilisation en maintenant un équilibre entre la méditation et un travail à la fois constructif et consciencieux. Soyez comme le Seigneur, actif et inactif. Dans la création, Il est joyeusement occupé; au-delà de la création, Il est joyeusement serein dans une béatitude divine. Je jouis de Sa béatitude même au plus fort de l'action, car j'ai fait l'effort de Le rechercher dans la méditation. Les effets adverses de l'activité ne m'affectent donc en aucune façon. Même si je dis peut-être que je n'aime pas ceci ou cela dans la dualité autour de moi, je reste d'un calme d'acier : « Calmement actif et activement calme ; un prince de paix assis sur le trône de la sérénité, dirigeant le royaume de l'activité. »

Selon toute apparence, il semble que Dieu créa des êtres imparfaits à partir de la perfection. Mais en vérité, les êtres imparfaits sont parfaits : ce sont des âmes faites à l'image de Dieu. Tout ce que Dieu attend de vous, c'est que vous sépariez vos imperfections oniriques de votre Soi parfait. Lorsque vous réfléchissez à tous les problèmes de votre vie de simple mortel et que vous vous identifiez avec eux, vous faites injure à l'image de Dieu qui est en vous. Affirmez et réalisez ceci : « Je ne suis pas un être mortel ; je suis Esprit. »

PAR LE BIEN COMME PAR LE MAL, DIEU NOUS INCITE À REVENIR À LUI

Dieu essaie constamment de ramener Ses enfants à leur perfection inhérente. C'est pourquoi même chez les gens mauvais vous pouvez déceler, quoique de manière parfois presque imperceptible, la quête du divin. Pouvez-vous trouver quelqu'un de mauvais qui agisse en recherchant le malheur ? Non. Il pense que ses actes lui procureront de bons moments. Celui qui boit ou qui se drogue pense qu'il en retirera du plaisir. Vous ne verrez autour de vous que des gens, bons ou mauvais, qui recherchent le bonheur à leur façon. Personne ne veut se faire du mal. Alors pourquoi les gens adoptent-ils des comportements néfastes, voués à susciter le malheur et la souffrance ? De telles actions naissent du plus grand de tous les péchés, – l'ignorance. « Malfaiteur » est un terme plus approprié que « pécheur ». Vous pouvez condamner les méfaits, mais ne devriez pas condamner celui qui les accomplit. Les péchés sont des erreurs commises sous l'influence de l'ignorance ou de l'illusion. Mais, à une différence de degré, vous pourriez bien être dans le même bateau. Jésus a dit : « Que celui de vous qui est sans péché lui jette le premier la pierre[1]. »

Le fait est que, dans tout ce que nous entreprenons, nous recherchons le bonheur. Personne ne peut vraiment dire qu'il est matérialiste, car quiconque recherche le bonheur recherche Dieu. C'est pourquoi, dans le bien comme dans le mal, à travers notre quête du bonheur, Dieu nous incite à revenir à Lui. Les peines infligées par le mal finiront par remettre les égarés sur le chemin de la vertu et de la joie. Étant donné que la vie est, par nature, un mélange de bien et de mal, de rêves splendides et d'affreux

---

[1] Jean 8, 7.

cauchemars, nous devrions redoubler d'activité pour favoriser la création de rêves magnifiques au lieu de nous laisser empêtrer dans ses cauchemars terrifiants.

CONNAÎTRE DIEU EST SAGESSE VÉRITABLE

Face aux événements de la vie, la majorité des gens réagit soit en disant «Louons le Seigneur!», soit en nous intimant de Le craindre; certains vont même jusqu'à L'accuser ou à Le maudire. Je pense que tout cela est insensé. Que pouvez-vous dire à Dieu pour Le louer? Il n'est touché ni par les louanges ni par les flatteries, car Il a tout. La plupart des prières sont offertes pas des gens qui ont des ennuis; certains clament: «Gloire à Dieu!», espérant en récolter des faveurs. Vous pouvez louer ou maudire l'Éternel, cela ne fera aucune différence pour Lui. Mais la différence sera pour vous. Louez-Le – ou mieux, *aimez-Le* – et vous vous sentirez mieux. Maudissez-Le et cela se retournera contre vous. Lorsque vous allez à l'encontre de Dieu, vous allez contre votre véritable nature, l'image divine à laquelle Dieu vous a créé. Si vous allez à l'encontre de cette nature, vous vous punissez automatiquement.

Je fus, dès mon enfance, rebelle à la vie, car j'y voyais tant d'injustices. Mais maintenant, la seule chose qui me rebelle intérieurement, c'est de voir que les gens ne connaissent pas Dieu. Le plus grand péché est l'ignorance : ne pas connaître le but de la vie. Et la plus grande vertu est la sagesse : connaître le sens et le but de la vie ainsi que son Créateur. Savoir que nous ne sommes pas des êtres humains pitoyables, mais que nous sommes un avec Lui, est sagesse.

Chaque nuit dans votre sommeil, Dieu efface tous vos soucis pour vous montrer que vous n'êtes pas un être mortel, mais que vous êtes Esprit. Dieu veut que vous vous souveniez de cette vérité durant votre état conscient afin que vous ne soyez plus troublé par les anormalités de la vie. Si nous pouvons très bien exister durant la nuit dans notre sommeil profond sans penser au monde et à ses problèmes, nous pouvons fort bien exister durant la journée dans cette sphère d'activité voulue par Dieu sans pour autant nous laisser prendre au piège de ce qui n'est qu'un rêve. Même si les univers oniriques flottent dans la conscience de Dieu, Il est toujours éveillé et sait qu'Il rêve. Il nous dit : « Ne soyez pas affolés au cours de votre rêve de jour ; regardez-Moi comme la Réalité derrière le rêve. » Lorsque la santé et la joie sont au rendez-vous, souriez dans votre rêve. Lorsque les cauchemars de la maladie ou du malheur sont là, dites : « Je suis éveillé en Dieu, regardant simplement le spectacle de ma vie. » Vous saurez alors que Dieu a créé cet univers pour Se divertir. Et vous,

Le spectacle cosmique du monde

fait à Son image, avez non seulement tout à fait le droit, mais également la capacité de jouir de ce spectacle avec ses rêves variés, tout comme Il le fait…

Balayez ces fantasmes de la santé et de la maladie, du chagrin et de la joie. Élevez-vous au-dessus d'eux. Devenez le Soi. Regardez le spectacle de l'univers, mais ne vous y perdez pas. À de nombreuses reprises, j'ai vu mon corps détaché de ce monde. Je ris de la mort. Je suis prêt à tout moment. Ce n'est rien. La vie éternelle est mienne. Je suis l'océan de la conscience. Parfois, je deviens la petite vague du corps, mais jamais je ne suis juste la vague sans l'Océan de Dieu.

La mort et les ténèbres ne peuvent jeter la terreur en nous, car nous sommes la Conscience même à partir de laquelle cet univers a été créé par Dieu.

Dans la Bhagavad Gita, l'Éternel dit :

> *Quiconque réalise que Je suis l'Être non-né et sans commencement ainsi que le Souverain suprême de la création, — celui-là a conquis l'illusion et atteint l'état exempt de tout péché, quand bien même il reste revêtu d'un corps mortel…*
>
> *Je suis la Source de toute chose ; c'est de Moi que toute création émerge. Forts de cette réalisation, les sages, frappés de respect et d'admiration, M'adorent. Leurs pensées toutes rivées sur Moi, leurs êtres livrés à Moi, s'illuminant les uns*

les autres, Me proclamant toujours, Mes fidèles sont joyeux et satisfaits...

Par pure compassion, Moi, le Résident divin de leurs cœurs, j'allume en eux la lampe rayonnante de la sagesse qui bannit les ténèbres, nées de l'ignorance.

Bhagavad Gita X : 3, 8-9, 11

4ᵉ PARTIE

DÉCOUVRIR L'AMOUR INCONDITIONNEL DE DIEU SOUS LE VOILE MYSTÉRIEUX DE LA CRÉATION

Aucun homme, aucun prophète ne pourra jamais supprimer toutes les inégalités et les divisions de ce monde. Mais lorsque vous serez dans la conscience de Dieu, ces différences disparaîtront et vous direz :

> La vie est douce, la mort un rêve,
> Quand Ton chant vibre en moi.
> La joie est douce, la peine un rêve,
> Quand Ton chant vibre en moi.
> Santé est douce, le mal un rêve,
> Quand Ton chant vibre en moi.
> Louange est douce, le blâme un rêve,
> Quand Ton chant vibre en moi [1].

[1] Adaptation française d'un chant de *Cosmic Chants* de Paramahansa Yogananda (publié par la Self-Realization Fellowship).

Extraits de discours de Paramahansa Yogananda.

C'est là le sommet de la philosophie. N'ayez peur de rien. Même balloté sur la vague d'une tempête, vous êtes quand même dans le sein de l'océan. Gardez toujours en vous la conscience de la présence sous-jacente de Dieu. Soyez équanime et dites : « Je suis sans peur ; je suis fait de la substance de Dieu. Je suis une étincelle du Feu de l'Esprit. Je suis un atome de la Flamme cosmique. Je suis une cellule du vaste corps universel du Père. "Moi et le Père nous sommes un". »

Utilisez toute la force de votre âme pour trouver Dieu… L'écran de fumée de l'illusion s'est mis entre nous et Lui et Il se désole de ce que nous L'ayons perdu de vue. Il n'est pas heureux de voir Ses enfants souffrir autant — mourant sous les bombes, sous de terribles maladies et vivant avec des habitudes néfastes. Il le déplore, car Il nous aime et voudrait que nous retournions à Lui. Si seulement vous vouliez faire l'effort de méditer la nuit et d'être avec Lui ! Il pense tellement à vous. Vous n'êtes pas laissés pour compte. C'est vous qui avez oublié votre Soi… Vous n'êtes jamais indifférents à Dieu…

L'unique but de la création est de vous obliger à résoudre son mystère et à percevoir Dieu derrière toutes choses. Il veut que vous oubliiez tout le reste et ne recherchiez plus que Lui. Une fois que vous aurez trouvé refuge dans le Seigneur, la conscience de la vie et de la mort n'existeront plus comme des réalités. Vous verrez alors toutes les dualités comme des rêves durant le sommeil, allant et venant dans l'existence éternelle de Dieu. N'oubliez pas ce sermon, un sermon qu'Il exprime pour vous à travers ma voix. N'oubliez jamais! Il dit:

« Je suis tout autant désemparé que vous, car en tant que votre âme, Je suis lié à ce corps avec vous. À moins que vous ne sauviez votre Soi, Je reste emprisonné avec vous. Ne vous attardez plus, rampant dans la boue de la souffrance et de l'ignorance. Venez! Baignez-vous dans Ma lumière!»

Le Seigneur veut que nous nous échappions de ce monde illusoire. Il pleure pour nous, car Il sait à quel point Sa délivrance nous est difficile à obtenir. Mais vous ne devez que vous souvenir que vous êtes Son enfant. Ne vous prenez pas en pitié. Dieu vous aime autant qu'Il aime Jésus et Krishna. Vous devez rechercher Son amour, car il englobe la liberté éternelle, la joie sans fin et l'immortalité.

La Lumière merveilleuse de Dieu est juste derrière les ombres de cette vie. L'univers est un vaste temple de Sa présence. Lorsque vous méditerez, vous verrez Ses portes s'ouvrir de partout. Lorsque vous communiez avec Lui, tous les ravages du monde ne peuvent vous dérober cette Joie et cette Paix.

SUR L'AUTEUR

Paramahansa Yogananda (1893-1952) est considéré dans le monde comme l'une des plus éminentes figures spirituelles de notre temps. Né en Inde du Nord, il vint s'établir aux États-Unis en 1920 où, pendant plus de trente ans, il enseigna la science ancestrale de la méditation propre à l'Inde et l'art de vivre une vie spirituelle équilibrée. Grâce à la célèbre *Autobiographie d'un Yogi*, dans laquelle il relate l'histoire de sa vie et à ses nombreux autres ouvrages, Paramahansa Yogananda fit connaître à des millions de lecteurs la sagesse intemporelle de l'Orient. C'est sous la direction de Sri Mrinalini Mata, l'une de ses plus proches disciples, que son œuvre spirituelle et humanitaire se poursuit aujourd'hui par l'intermédiaire de la Self-Realization Fellowship[1], la société internationale qu'il fonda en 1920 pour répandre ses enseignements dans le monde entier.

---

[1] Littéralement : « Société de la réalisation du Soi. » Paramahansa Yogananda a expliqué que le nom « Self-Realization Fellowship » signifie : « Communion avec Dieu à travers la réalisation du Soi et amitié avec tous ceux qui cherchent la Vérité. »

RESSOURCES SUPPLÉMENTAIRES SUR LES TECHNIQUES DE KRIYA YOGA ENSEIGNÉES PAR PARAMAHANSA YOGANANDA

La Self-Realization Fellowship se consacre à aider gratuitement les chercheurs de vérité du monde entier. Pour obtenir des informations sur nos cycles de cours et de conférences publiques donnés chaque année, sur les méditations et les services divins qui ont lieu dans nos temples et nos centres à travers le monde, ainsi que sur les programmes des retraites et nos autres activités, nous vous invitons à consulter notre site Internet ou à contacter notre siège international :

www.yogananda-srf.org

Self-Realization Fellowship
3880 San Rafael Avenue
Los Angeles, CA 90065-3219, U.S.A.
Tél. +1(323) 225-2471

Chez le même éditeur :

AUTOBIOGRAPHIE D'UN YOGI
de Paramahansa Yogananda

Cette biographie acclamée offre en même temps le récit captivant d'une vie extraordinaire et un aperçu pénétrant, absolument inoubliable, des mystères ultimes de l'existence humaine. Saluée comme une œuvre capitale de la littérature spirituelle lorsqu'elle parut pour la première fois sous forme imprimée, elle reste toujours l'un des livres les plus lus et les plus respectés qui aient été publiés dans le domaine de la sagesse orientale.

Avec une franchise attachante, une éloquence remarquable et beaucoup d'esprit, Paramahansa Yogananda déroule un récit plein d'inspiration, celui de sa vie : depuis les expériences de son enfance hors du commun, en passant par ses rencontres avec de nombreux saints et sages durant sa quête de jeunesse à travers l'Inde pour trouver un maître illuminé, sans oublier ses dix années d'apprentissage dans l'ermitage d'un maître de yoga révéré, jusqu'aux trente années pendant lesquelles il vécut et enseigna en Amérique. Il raconte aussi ses rencontres avec Mahatma Gandhi, Rabindranath Tagore, Thérèse Neumann et d'autres personnalités spirituelles célèbres d'Orient et d'Occident. Sont inclus également de nombreux éléments qu'il ajouta après la parution de la première édition en 1946 ainsi qu'un chapitre final sur ses dernières années sur terre.

Considérée comme un grand classique des temps modernes en matière de spiritualité, *Autobiographie d'un Yogi* fournit une introduction approfondie sur la science ancestrale du yoga. Traduite dans de nombreuses langues, elle figure parmi les œuvres au programme de beaucoup d'universités. Best-seller impérissable, ce livre a su conquérir les cœurs de millions de lecteurs dans le monde entier.

―――•――

« Un récit hors du commun. » *THE NEW YORK TIMES*

« Une étude fascinante et clairement commentée. »

NEWSWEEK

« Rien de ce qui a jusqu'à présent été écrit en anglais ou en toute autre langue européenne ne surpasse cette présentation du yoga. » *COLUMBIA UNIVERSITY PRESS*

PUBLICATIONS DE LA SELF-REALIZATION FELLOWSHIP DES ENSEIGNEMENTS DE PARAMAHANSA YOGANANDA

Disponibles en librairie ou directement auprès de l'éditeur :

Self-Realization Fellowship
3880 San Rafael Avenue • Los Angeles, CA 90065-3219, U.S.A.
Tél. +1(323) 225-2471 • Fax +1(323) 225-5088
www.yogananda-srf.org

TRADUITS EN FRANÇAIS

Autobiographie d'un Yogi
À la Source de la Lumière
Ainsi parlait Paramahansa Yogananda
La Science de la Religion
La loi du succès
Comment converser avec Dieu
Vivre sans peur
Vivre en vainqueur
La Science sacrée *de Swami Sri Yukteswar*
Relation entre Gourou et Disciple *de Sri Mrinalini Mata*
Rien que l'Amour *de Sri Daya Mata*

EN ANGLAIS

RECUEILS DE DISCOURS ET D'ESSAIS
Volume I : Man's Eternal Quest
Volume II : The Divine Romance
Volume III : Journey to Self-realization

The Second Coming of Christ: *The Resurrection of the Christ Within You*
God Talks with Arjuna: The Bhagavad Gita
Wine of the Mystic: *The Rubaiyat of Omar Khayyam — A Spiritual Interpretation*
Whispers from Eternity
The Yoga of the Bhagavad Gita
The Yoga of Jesus
In the Sanctuary of the Soul
Inner Peace
Metaphysical Meditations
Scientific Healing Affirmations
Songs of the Soul
Cosmic Chants

**ENREGISTREMENTS AUDIO
DE PARAMAHANSA YOGANANDA**

Beholding the One in All
The Great Light of God
Songs of My Heart
To Make Heaven on Earth
Removing All Sorrow and Suffering
Follow the Path of Christ, Krishna, and the Masters
Awake in the Cosmic Dream
Be a Smile Millionaire
One Life Versus Reincarnation
In the Glory of the Spirit
Self-Realization: The Inner and the Outer Path

AUTRES PUBLICATIONS
DE LA SELF-REALIZATION FELLOWSHIP

Le catalogue comprenant la liste complète des livres et des enregistrements audio et vidéo de la Self-Realization Fellowship est disponible sur demande.

Finding the Joy Within You: Personal Counsel for God-Centered Living *de Sri Daya Mata*

God Alone: The Life and Letters of a Saint *de Sri Gyanamata*

"Mejda": The Family and the Early Life of Paramahansa Yogananda *de Sananda Lal Ghosh*

Self-Realization (un magazine trimestriel fondé par Paramahansa Yogananda en 1925)

LES LEÇONS
DE LA SELF-REALIZATION FELLOWSHIP

Les techniques scientifiques de méditation enseignées par Paramahansa Yogananda, y compris le Kriya Yoga – tout comme ses instructions sur les différents aspects d'une vie spirituelle équilibrée – sont exposées dans les *Leçons de la Self-Realization Fellowship*. Pour de plus amples renseignements, vous pouvez recevoir gratuitement sur simple demande notre brochure d'introduction en français *Qu'est-ce que la Self-Realization Fellowship?* ou la brochure *Undreamed-of Possibilities* disponible en anglais, en espagnol et en allemand.

TABLE DES MATIÈRES

1ᵉ PARTIE
Pourquoi le mal fait partie de la création divine   1

2ᵉ PARTIE
Pourquoi Dieu créa le monde   11

3ᵉ PARTIE
Le spectacle cosmique du monde   25

4ᵉ PARTIE
Découvrir l'amour inconditionnel de Dieu
sous le voile mystérieux de la création   41

www.ingramcontent.com/pod-product-compliance
Lightning Source LLC
Chambersburg PA
CBHW031427040426
42444CB00006B/717